AF377828

Aux Ingénieurs, Sous-ingénieurs & Élèves des Ponts & Chaussées,

Directement & par la voie des Corps administratifs.

APRÈS avoir, comme tous les différens peuples du globe, fubi le joug des féroces conquérans, qui par-tout infpirant la crainte & la terreur, ont exercé le defpotifme le plus affreux; les François, dociles à la voix d'une fage philofophie, inftruits fur les véritables droits de l'homme, éclairés par l'hiftoire, & frappés de l'exemple des nations qui avoient fu mériter la liberté, ont tout ofé pour recouvrer la leur. Ils font enfin parvenus à extirper la tyrannie, dont le funefte ombrage s'étendoit fur la France entière, lui déroboit l'afpect & interceptoit les influences du beau ciel de la liberté.

Un nouvel ordre de chofes a remplacé le plus monftrueux régime. La France, aujourd'hui république, doit faire naître & développer divers genres de profpérités attachées à la fageffe d'un gouvernement calculé pour le bonheur de tous. Nul fyftême focial n'étoit plus propre à faire éclore le génie, à favorifer fes élans, à lui conferver l'effor & l'énergie fi néceffaires aux progrès des fciences & des arts; c'eft au goût, à la jouiffance, à l'enthoufiafme de la liberté que nous devons ces beaux modèles, ces chef-d'œuvres de l'art produits par les Anciens, & tranfmis jufqu'à nos jours pour la gloire de l'efprit humain & l'inftruction du monde.

C'eft par les mêmes moyens que nous devons acquérir une perfection à laquelle ne fauroient jamais faire parvenir la vanité des defpotes & la baffeffe des flatteurs. Le génie veut être

A

encouragé, mais par la puissance & les vertus d'une nation libre, qui lui assure le plus grand développement, & repousse loin de lui toute entrave. Il s'humilie, se restreint, dégénère & s'anéantit par la protection ; car elle est presque toujours le gage de l'ignorance & de la sottise. Aussi les rois protégent ; mais les républiques seules peuvent véritablement encourager.

Pénétré de ces principes, j'aime à croire que je ne serai pas le seul qui s'efforcera de les mettre en pratique. Chargé de la surveillance de cette intéressante partie d'administration qui concerne l'industrie, les belles connoissances & les arts utiles, je me hâte, au sein même des agitations politiques, de nourrir les projets & de tracer les plans dont l'exécution doit réparer l'effet des convulsions pénibles, & précipiter le cours de nos prospérités.

L'institution concernant les ponts & chaussées me paroît infiniment propre à seconder & réaliser ces vues : elle découle d'un même principe, elle est uniforme dans chaque département, elle peut faciliter dans toute l'étendue de la république, la circulation de l'esprit régénérateur dont nous avons besoin. Il doit lui être aussi naturel qu'honorable d'accélérer le progrès des connoissances, & la perfection de tout ce qui appartient à l'industrie.

J'ai pensé que des ingénieurs, dont la jeunesse s'est formée dans les écoles de mathématiques, dont l'esprit s'est exercé par l'application de cette science aux arts, ne devoient pas être bornés au seul entretien d'ouvrages une fois faits, ou forcés d'attendre, dans l'oisiveté, que des accidens imprévus réveillent en eux le savoir & l'activité. Il est une foule d'objets dont la connoissance est nécessairement de leur ressort. Le genre d'instruction que les ingénieurs ont reçue, doit les mettre à même d'éclairer les corps administratifs sur les divers établissemens, entreprises ou constructions qui peuvent favoriser l'agriculture, étendre & perfectionner les arts, vivifier le commerce. Ils ne doivent pas être de stériles constructeurs, bornés aux combinaisons d'une exécution locale & resserrée. Cette manière d'être pouvoit convenir à l'ancien régime, où l'on savoit & faisoit assez dès qu'on étoit parvenu dans une place quelconque. La carrière des hommes libres s'étend par-tout sous leurs pas ; non - seulement ils peuvent, mais on attend d'eux davantage. Tout est lié dans une bonne organisation sociale : rien n'est isolé pour le citoyen; ses connoissances, ses vues, son action, doivent toujours se diriger vers le plus grand bien possible.

La construction des chemins, la distribution des canaux doivent être désormais calculées d'après des vues éclairées, administratives & bienfaisantes, pour la circulation la plus facile des denrées & des marchandises, la communication la plus prompte des secours de toute espèce, le développement le plus rapide de l'industrie, l'abondance & la richesse de la société. Sous ce point de vue, les ingénieurs versés dans l'étude de la nature & de ses productions, devront juger de l'importance ou de la nécessité des défrichemens, par l'inspection des terres plus ou moins propres à la végétation & à la culture de tels ou tels végétaux.

Il n'est aucun terrein qui ne soit susceptible d'une production quelconque, pour peu que la culture en soit réglée par l'art. Les prairies artificielles nous ont déjà fourni de prompts & sûrs moyens d'employer au profit de l'agriculture, des terreins qui, par leurs mauvaises expositions, la nature de leur sol, sembloient être condamnés à une éternelle stérilité. La nature fait naître en divers climats des végétaux qui fournissent aux troupeaux une nourriture suave & succulente ; ces végétaux croissent & s'élèvent en des lieux secs, déserts & pierreux, dont la culture nous auroit paru inutile, si l'expérience ne démontroit l'avantage de ces productions pour le bétail.

départemens, font immenfes, & de rétablir par là le principe dégénéré de la fanté & de la vie des habitans voifins des marais?

On peut en dire autant des étangs, qui ne font pour la plupart que des marais factices, & qui pour préfenter une furface plus généralement couverte d'eau, n'en font pas moins un voifinage dangereux pour la fanté, par le même défaut d'écoulement de leurs eaux, lefquelles contractent toujours une efpèce de putri- dité. Dès-lors, peut on mettre en balance la fanté d'une majorité d'individus, avec l'intérêt d'un petit nombre de propriétaires? Il convient donc que les ingénieurs portent leur attention fur cet objet; qu'ils éclairent l'adminiftration avec une probité févère, fur les avantages & défavantages de l'emploi des terreins mis en étangs, & que peut facilement remplacer une autre culture non moins profitable pour les propriétaires, & moins préjudiciable pour la fanté des habitans du voifinage.

Après l'agriculture, l'ingénieur devra s'occuper de l'établif- fement, de l'encouragement & du produit des arts; car il n'ignore pas que c'eft de la perfection de ceux-ci que dépend celle de tant de genres de manufactures, qui foutiennent, étendent & enrichiffent le commerce.

Sans entrer ici dans le détail de tous les arts & de tous les genres de manufactures qu'il eft poffible d'introduire en France, j'obferverai que la pofition de cette république la met dans le cas d'exercer avantageufement l'induftrie de fes habitans. Baignée de deux côtés par l'Océan & la Méditerranée, elle offre dans la pêche des moyens de commerce dont nous pouvons jouir autant & peut-être plus que quelque autre nation que ce foit; il ne s'agit que d'encourager les habitans à faire eux-mêmes les différentes préparations de poiffons que les étrangers viennent nous vendre. Propriétaires de falines très-étendues, qui produifent le fel le plus propre aux falaifons, pourquoi, avec l'abondance de poisson que fourniffent les côtes de France, n'étendrions-nous pas, même au dehors, le commerce du poisson falé dont la confommation est fi générale ? Pourquoi ne développerions-nous pas la même industrie que nos voisins, & ne nous livrerions-nous pas à la fabrication de différentes préparations, toutes avantageufes & propres à enrichir notre commerce, telles que les colles, les huiles de poisson ? &c.

Un objet vers lequel il n'est pas moins effentiel que les ingénieurs dirigent leur attention, ce font les tanneries : il est inconcevable qu'avec les mêmes matières, les mêmes moyens, nos cuirs ne jouissent pas de la même réputation que ceux de nos voisins ; cela vient donc évidemment des préparations. C'est fur quoi il importe d'éclairer ceux qui font à la tête des ateliers de ce genre, & qui n'ont pas toutes les connoissances de l'art pour préparer leurs cuirs de manière à les rendre propres aux différens ufages auxquels ils font deflinés : d'autre part, il faut rappeler à l'intérêt général ceux qui, avec de véritables connoiffances, fe livrent aux fpéculations de la cupidité, préfèrent de mettre dans le commerce des cuirs imparfaits, par cette raifon condamnable, que la fabrication en étant moins longue, la marchandife fe renouvelle plus fouvent, & conféquemment le bénéfice.

Avec de tels principes, il n'est pas étonnant que nous foyons obligés pour cet objet comme pour bien d'autres, d'avoir recours à des voisins qui moins égoïstes & plus habiles, font jaloux de la gloire de leur patrie, & favent la préférer à leur propre intérêt.

Ce que je viens de dire pour les cuirs, peut s'appliquer aux différentes manufactures de draps, pour la perfection defquels il est important d'éclairer les cultivateurs. Les instructions doivent porter effentiellement fur la meilleure manière d'élever les bêtes à laine, pour en retirer une laine plus fine, plus douce, mieux fournie; plus convenable à la meilleure fabrication des étoffes. Placée entre l'Angleterre & l'Espagne, l'une au nord, l'autre au midi, toutes deux produisant d'excellentes laines, par quelle fatalité la France, pouvant jouir des mêmes avantages, en seroit-elle privée? La nature du climat dans les départemens voisins de ces deux états, ne présente cependant pas d'assez grandes différences pour rendre impossibles les mêmes établissemens. Il s'agit seulement de détruire les préjugés qui, toujours funestes aux découvertes, retiennent les habitans des campagnes dans une pusillanimité préjudiciable à leurs propres intérêts, en même temps qu'ils le sont à ceux de la société. C'est donc en déracinant d'une part les préjugés, & de l'autre en répandant la lumière & les connoissances de détail, que des ingénieurs familiarisés avec les arts, pourront créer de nouvelles fabriques, les organiser, les rendre avantageuses à la république, procurer aux manufactures déjà établies, des moyens nouveaux de perfectionner les mécaniques, instrumens & outils à l'aide desquels elles sont mises en activité.

Enfin, une étude dont les ingénieurs doivent essentiellement s'occuper, c'est la minéralogie & l'exploitation des mines. Ce genre de productions que la nature a réparti dans différens climats, nous offre des avantages précieux dont nous devons chercher à assurer la jouissance à la société; mais s'il importe pour l'intérêt général de la république, que toutes les mines métalliques ou de bitumes reconnues, ainsi que les différentes carrières de marbre soient exploitées, il n'importe pas moins au particulier propriétaire ou concessionnaire d'être environné de toutes les lumières nécessaires pour exploiter les mines avec la prudence, la sûreté & l'utilité qu'exigent de pareils travaux. La plupart des exploitations dans ce genre n'ont été infructueuses, & souvent même préjudiciables à ceux qui les ont entreprises, que parce qu'ils n'ont pas apporté dans leur travail les notions préliminaires & indispensables, soit pour la reconnoissance, soit pour l'attaque des différens filons,& qu'aveuglés par une fordide cupidité,ils fe font refufés à confulter les gens inftruits. Il eft donc important que l'admi- niftration veille particulièrement fur cet objet, tant pour l'intérêt général que pour celui de l'individu : par ce moyen, cette partie plus éclairée préfentera un avantage confidérable & certain. Les mines de charbon de terre, de l'extraction duquel il eft d'autant plus important de s'occuper, que le combuftible devient de jour en jour plus précieux par le défaut de bois, feront exploitées avec plus de connoiffances, moins de rifques dans les excavations & plus de profit. L'ufage de cette matière devenant plus général, les ufines qui ne peuvent, à caufe de la rareté du bois, jouir de toute l'activité dont elles font fufceptibles, fuppléeront au bois par le charbon de terre.

Ces divers objets fur lefquels je n'ai pu donner en ce moment que des aperçus, devront déformais être réunis au travail ordi- naire des ponts & chauffées, & conftituer fous le nom de *travaux publics*, l'état & l'occupation de tous ceux qui feront employés dans les places d'ingénieurs. C'eft ainfi qu'ils pourront rendre de plus grands fervices à la patrie, & acquérir véritablement des droits à fa reconnoiffance. Je crois voir s'élever, s'animer & s'étendre l'ame, les facultés & la noble ambition d'hommes que leurs con- noiffances doivent avoir rendu capables d'apprécier le bonheur & la gloire d'être utiles. M M. les ingénieurs des ponts & chauffées doivent fentir qu'il eft d'autant plus important que leurs études & leurs foins prennent une latitude plus générale par l'établiffement des travaux que je leur propofe, que ces travaux vont devenir encore plus néceffaires. La république, qui a vu accourir de tous les départemens les François armés pour fa défenfe, doit prévoir que les fuccès procurés par le zèle, le courage & le patriotifme de tant de braves citoyens, forceront fes ennemis à lui demander la paix, ou à la laiffer jouir d'un état de tranquillité refpectée par toutes les nations : dès-lors toute fa follicitude devra fe porter fur les moyens de procurer à une grande partie de ses défenseurs, des ressources propres à les faire subsister, en continuant de les employer d'une manière utile. Il est donc de la plus grande conséquence de se ménager, par de nouveaux établissemens & des travaux publics, des moyens sûrs d'épargner à des citoyens qui cesseront d'être occupés aux travaux militaires, les rigueurs d'un pénible intervalle, & d'éviter les inconvéniens qui pourroient résulter de leur désœuvrement & de leur malaise.

La Convention Nationale ayant jugé que le camp qui devoit être formé sous les murs de Paris, pour mettre la capitale à l'abri de toute attaque, devenoit inutile, par le succès de nos armées, vient de décréter que les travaux en seroient arrêtés; & qu'il seroit statué sur le mode du renvoi des ouvriers. Il est de la prévoyance d'une sage administration de déterminer promptement le genre de travaux auxquels pourront être employés utilement les 15000 hommes qui travaillent à la formation de ce camp, afin qu'ils n'éprouvent aucune suspension dans les moyens de se procurer leur subsistance.

D'après l'exposé que je viens, Messieurs, de vous faire des objets qui dorénavant devront être étudiés, suivis, indiqués ou conduits par les ingénieurs, vous sentirez comme moi la nécessité d'organiser promptement l'administration des *travaux publics*, & je ne doute pas que je ne trouve dans vos lumières & dans le patriotisme qui doit vous animer, tous les moyens nécessaires pour affermir la marche de cette administration & en assurer le succès. C'est en opérant ainsi de concert, que nous contribuerons tous au bonheur de la république.

Je vous invite à vous occuper, chacun dans le département où vous êtes employé, de tout ce qui peut être relatif à l'agriculture, aux arts, au commerce & à l'exploitation des mines. Vous voudrez bien m'envoyer, dans le délai le moins long, le résultat de vos observations très-circonstancié sur ces divers objets, ainsi que sur les moyens les plus convenables &

les plus économiques de perfectionner les différentes branches d'induſtrie qui peuvent en réſulter.

Mais pour que la marche ſoit uniforme, il convient que vous formiez un tableau qui préſentera , 1.º l'état où ſe trouve l'agriculture dans votre département, & les moyens d'extenſion & de perfection dont elle eſt ſuſceptible, ſoit par les défriche-mens des landes ou autres terreins , ſoit par des deſſéchemens de marais; 2.º les différentes eſpèces de manufactures & établiſſe-mens qui ſont en activité dans votre département, le nombre d'ateliers qu'elles occupent, ainſi que celui des ouvriers, les endroits d'où les manufactures tirent leurs matières premières, les progrès dont elles peuvent être ſuſceptibles , les cauſes de leur dégradation, s'il en exiſte, & les moyens d'y remédier;

3.º Les canaux, chemins & routes qu'il conviendroit d'ouvrir pour établir une circulation plus étendue des denrées & mar-chandiſes ; les moyens à prendre pour rendre dans certains endroits les rivières navigables, plutôt ou mieux qu'elles ne le ſont, & de nettoyer leur lit des obſtacles dont la nature ou des accidens les ont embarraſſées, afin d'étendre par là l'utilité dont elles peuvent être au commerce, comme auſſi des moyens de les contenir dans leur lit, ſoit par des digues, chauſſées ou autres conſtructions qui puiſſent mettre les pays riverains à l'abri des inondations & débordemens auxquels, juſqu'ici, on n'a oppoſé que des obſtacles la plupart inſuffiſans, & dans quelques départemens, mal diſpoſés ou mal exécutés;

4.º De la quantité de mines & carrières qui ſont actuellement en exploitation, ou qui peuvent être utilement & économiquement exploitées, avec la déſignation du minerai & de la quantité de pierre qu'elles contiennent, ainſi que des mines de charbons de terre, avec tous les détails que vous pourrez vous procurer ſur la partie économique de l'exploitation de ces mines.

Un objet très - eſſentiel ſur lequel vous voudrez bien,

Meffieurs, me communiquer auffi vos réflexions, eft le meilleur moyen à employer pour parvenir à l'entretien des grandes routes, foit en affujettiffant les voituriers à fe conformer aux ordonnances déjà rendues fur ce fait, qui leur enjoint de garnir leurs voitures de roues à larges jentes, de ne charger que tant de quintaux fur les voitures à deux roues, & de n'y atteler qu'un nombre déterminé de chevaux, foit en prenant d'autres mefures; comme auffi fur le mode à prendre pour fubvenir aux frais de l'entretien de ces grandes routes, de manière que ces frais foient fupportés par ceux qui les détériorent, ou pour qui elles font détériorées, & que le réfultat produife d'autant le dégrèvement d'autres impofitions auxquelles font affujetties les claffes moins fortunées des citoyens. L'Angleterre, la Hollande nous fourniffent fur cela des exemples dont nous pouvons, je crois, faire aifément l'application.

Pour parvenir, Meffieurs, à l'exécution du travail que je vous demande, vous pourrez vous aider des lumières des différentes fociétés d'agriculture & de commerce qui fe trouvent établies dans l'étendue de votre département; je ne doute pas que vous ne les trouviez difpofées à concourir avec vous au bien général, ainfi que les corps adminiftratifs : ceux-ci ne peuvent manquer de feconder avec empreffement ces vues d'utilité publique, & de veiller, ainfi qu'ils le doivent, à ce que leur exécution n'éprouve d'autres difficultés que celles qui naîtroient d'une impoffibilité phyfique, ou d'une dépenfe portée au - delà des bornes que doit prefcrire une fage économie.

Le Miniftre de l'Intérieur.

Signé *ROLAND.*

A PARIS, DE L'IMPRIMERIE NATIONALE EXÉCUTIVE DU LOUVRE. 1792.